AF283721

El retablo de las maravillas

Derechos exclusivos de esta edición reservados para todo el mundo:

© 2023 Gadir Editorial, S.L.
Avda. del Mediterráneo, 9 2º D – 28007 Madrid
www.gadireditorial.com

© del prólogo y de la adaptación: Javier Santillán

© de las ilustraciones, incluida la cubierta: Begoña Summers

Diseño: Gadir Editorial

Impreso en España - Printed in Spain
ISBN-13: 978-84-127460-5-1
Depósito legal: M-29445-2023

Todos los derechos reservados.
Cualquier forma de reproducción, distribución, comunicación pública
o transformación de esta obra solo puede ser realizada con la autorización
de sus titulares, salvo excepción prevista por la ley. Diríjase a CEDRO
(Centro Español de Derechos Reprográficos) si necesita fotocopiar o
escanear algún fragmento de esta obra (www.conlicencia.com
91 702 19 70 / 93 272 04 47).

Miguel de Cervantes

El retablo de las maravillas

Entremeses adaptados para todas las edades

Ilustraciones de
Begoña Summers

Miguel de Cervantes (Alcalá de Henares, 1547- Madrid, 1616) es uno de los más grandes escritores de todos los tiempos, y su obra *Don Quijote de la Mancha*, es considerada por muchos la mejor novela jamás escrita. Una obra extensa y compleja, que todo el mundo conoce pero que muchos no han leído, especialmente los más jóvenes. La obra de Cervantes, además de el *Quijote*, incluye novelas, poesía y teatro y, dentro de este, los entremeses posiblemente sean las obras que más pueden llegar al público actual.

Antes que Cervantes, Lope de Rueda puso de moda sus *Pasos*, obritas de teatro cortas muy similares a lo que serían los entremeses, que abundaron y fueron muy populares en tiempos de Cervantes: se representaban antes de las obras de teatro más largas, eran muy breves y divertidos, y con frecuencia resultaban ser mejores que la obra principal, hasta el punto de que el público en ocasiones iba al teatro más por los entremeses que por la obra. Los entremeses, como toda la gran literatura española del siglo de oro, pasaron enseguida a la América española, donde se representaban también con gran éxito y donde nacieron algunos autores que los cultivaron.

Los entremeses de Cervantes son geniales y, pese a su brevedad, reúnen muchas de las cualidades de lo mejor de su obra. Por eso es considerado como el mejor autor de entremeses, y se ha dicho, con razón, que son una cuna del teatro cómico universal. Resultan, además, especialmente adecuados para ser leídos, y no solo para ser representados, pues, como se ha señalado, Cervantes logró que fueran casi como novelas breves sin dejar de ser teatro y siempre «discretos, alegres y corteses» en palabras de su autor. Cervantes no vio sus entremeses representados en vida, y el reconocimiento de su valor tardó en llegar. Pero sí los vio publicados, y él mismo justificaba su edición como libro «para que se vea despacio lo que pasa deprisa», es decir, para poder deleitarse con la lectura de forma que no es fácil en el teatro.

Ya en el siglo xx, García Lorca los redescubrió, y los llevó a su Teatro de la Barraca y después han ganado el reconocimiento de la crítica y multitud de lectores y espectadores, pues se leen y se representan a ambos lados del Atlántico.

Un filósofo español, Javier Gomá, dijo, con mucho acierto, que Cervantes es ideal, cortesía y humor; y ese idealismo, esa ética y buena actitud hacia el prójimo, y ese humor genial, que están en el *Quijote* de principio a fin, también se encuentran en los entremeses. Sobre su humor, no hace falta decir mucho, pues todos los entremeses nos hacen sonreír y, a ratos, reír a carcajadas; sobre su intención crítica, ejemplar e incluso sus probables elementos autobiográficos, encontramos en ellos personajes que nos ilustran, como el aspirante a alcalde Pedro Rana, que en sus breves trazos parece un reflejo a medio camino entre Don Quijote y Sancho; o el noble y desafortunado soldado de *La guarda cuidadosa*, que muy bien podría ser un espejo de su autor; o las frecuentes alusiones irónicas a los poetas, incluido su gran competidor, Lope de Vega.

Aquí se han seleccionado algunos de los entremeses más divertidos, adaptados para acercarlos al lector de hoy de cualquier edad, también desde las más tempranas; pero se ha procurado conservar el sabor de los textos originales, la gracia incomparable de sus diálogos, su humor y su capacidad para retratar con ironía el alma humana en tan breves pinceladas, y de combinar magistralmente el humor y la profundidad. La edición cuenta, además, con las preciosas ilustraciones de Begoña Summers.

De los seis entremeses que contiene este libro, cuatro fueron publicados en vida de Cervantes: el genial *El retablo de las maravillas* — un portento a la vez de candor y malicia, en palabras de Andrés Trapiello— que se ha elegido para titular el volumen, *La elección de los alcaldes de Daganzo*, *La guarda cuidadosa* y *El vizcaíno fingido*; y otros dos, *Los habladores* y *El hospital de los podridos* le fueron atribuidos posteriormente en distintas ediciones, sin que exista realmente seguridad sobre su autoría. En todo caso, se han incluido en este volumen por sus cualidades, que los identifican con los demás entremeses de Cervantes, y muy particularmente por su humor: fueran o no obra de Cervantes, ambos son una prueba más del enorme caudal de talento e ingenio de nuestro siglo de oro y, como dijo Dámaso Alonso, «gracia tienen bastante para el regocijo del lector».

El retablo de las maravillas

Aun pueblo llegan dos comediantes, un hombre, Chanfalla, y una mujer, Chirinos, que hablan de un gran embuste que han preparado: Chanfalla advierte a Chirinos cómo deben disimularlo, y esta le quita toda preocupación, y le pregunta para qué necesitan a Rabelín, un músico al que acaban de contratar:

—Le necesitaremos como el pan de la boca —contesta Chanfalla— para tocar en los espacios que tardaren en salir las figuras del Retablo de las Maravillas.

—Maravilla será si no nos apedrean solo por el Rabelín; porque, tan desventurada criaturilla no la he visto en todos los días de mi vida.

En esto aparece Rabelín, y pregunta a Chanfalla si harán alguna función en ese pueblo, pues está deseando demostrar su valía; a lo que Chanfalla contesta aludiendo al muy pequeño tamaño del músico:

—Si no sois más gran músico que grande, listos estamos…

Así van hablando, cuando nada más entrar en el pueblo encuentran al gobernador, al alcalde, de nombre Benito Repollo, al regidor, Juan Castrado y a Pedro Capacho, el escribano. Chanfalla saluda al gobernador.

—¿Y bien, qué es lo que queréis, hombre honrado? —le pregunta el gobernador.

—Honrados días viva vuestra merced, que así nos honra —contesta Chirinos—. En fin, la encina da bellotas, el peral peras, la parra uvas, y el honrado honra, sin poder hacer otra cosa.

—Esa frase me parece ser Ciceronianca, dice el alcalde Repollo.

—El alcalde Repollo quiso decir Ciceroniana, de Cicerón…—interviene el escribano.

—Siempre quiero decir lo que es mejor, solo que las más de las veces no acierto —dice el alcalde—; en fin buen hombre, ¿qué queréis?

—Yo, señores míos me llamo Montiel —contesta Chanfalla—, y traigo el Retablo de las Maravillas; puesto que, tras la muerte de nuestra reina Margarita han cerrado los teatros, nos llaman de la corte y también para que representemos en los hospitales, y con nuestra presencia se remediará todo.

—¿Y qué quiere decir Retablo de las Maravillas? —pregunta el gobernador.

—Por las maravillosas cosas que en él se enseñan y muestran —responde Chanfalla—, viene a ser llamado Retablo de las Maravillas; el cual fabricó y compuso el sabio Tontonelo debajo de tales paralelos, rumbos, astros y estrellas, con tales puntos, caracteres y observaciones, que ninguno que tenga alguna traza de sangre judía o sea pecador puede ver las cosas que en él se muestran; y el que fuere contagiado de estas dos tan usadas enfermedades, despídase de ver las cosas jamás vistas ni oídas de mi retablo.

—Ahora echo de ver que cada día se ven en el mundo cosas nuevas —dice Benito, el alcalde—. Y ¡qué! ¿Se llamaba Tontonelo el sabio que compuso el retablo?

—Tontonelo se llamaba, nacido en la ciudad de Tontonela —contesta Chirinos—: hombre de quien dicen que le llegaba la barba a la cintura.

—Por la mayor parte, los hombres de grandes barbas son sabihondos —contesta el alcalde.

Tras oír a Chanfalla, toma la palabra el gobernador, picado con la idea del retablo:

—Señor regidor Juan Castrado, puesto que su hija Teresa Castrada se casa, y soy su padrino, propongo que lo celebremos con regocijo y para ello nos muestre Montiel su retablo en vuestra casa.

—Solo debo decir —advierte Chanfalla— que si no se nos paga primero nuestro trabajo verán las figuras como por los cerros de Úbeda.

Y Juan, el regidor, le ofrece media docena de ducados, que Chanfalla acepta.

—Pues véngase entonces a mi casa —contesta Juan— y verá la comodidad que hay en ella para mostrar su retablo.

—Vamos pues —dice Chanfalla— y no olviden las condiciones que expliqué deben tener los que se atrevan a mirar el maravilloso retablo.

A lo que el alcalde, Repollo, responde que él tiene linaje de cristiano viejo, y nada de pecador:

—¡Miren si veré el retablo!

—Todos le pensamos ver, señor Benito Repollo —añade el regidor.

Mientras todos van entrando en casa de Juan, el gobernador pregunta a Chirinos:

—Señora cómica, ¿qué poetas se llevan ahora en la corte, de los de más fama? Porque yo tengo mucho de poeta; tengo ya veintidós comedias hechas y estoy esperando para ir a la corte y enriquecer con ellas a media docena de teatros.

—A lo que vuestra merced, señor gobernador, me pregunta de los poetas, no sabré responder, porque hay tantos que quitan el sol, y todos piensan que son famosos.

Llega Chanfalla en ese momento, y Chirinos le pregunta si ha cobrado ya.

—Desde luego.

—Pues te aviso, Chanfalla, que el gobernador es poeta.

—¿Poeta? ¡Vive Dios! Pues dale por engañado, porque todos los de esa suerte son gente descuidada, crédula y sin malicia ninguna.

Ya están todos en la casa, y hablan entre ellas la hija de Juan, Juana Castrada y su prima Teresa Repolla:

—Aquí te puedes sentar, Teresa, que tendremos el retablo enfrente; y no te descuides, pues ya sabes las condiciones que deben tener los miradores del retablo.

—Ya sabes, Juana, que tan cierto como el cielo es que yo veré todo lo que muestre el retablo, ¡pues buena soy yo!

En esto el gobernador espolea a los cómicos:

—¡Vamos, que me saltan los pies por ver esas maravillas!

Y así lo hacen, y con gran contento de todos, colocan el retablo y habla Chanfalla:

—¡Siéntense todos! El retablo está aquí detrás y ahí están también Chirinos y el músico.

—¿Músico es este? —se burla Benito—. Escondedle, que doy por bueno no oírle con tal de no verle.

—No tiene vuestra merced razón, señor alcalde Repollo, que en verdad que este músico es muy buen cristiano, e hidalgo de solar conocido.

—¡Buenas cualidades para ser músico! —responde el alcalde—. Veo que traéis poco bulto para tan gran maravilla —añade viendo el escenario.

—Todo debe ser de maravillas —responde el regidor Juan.

Los cómicos se disponen a empezar con la función y Chanfalla conjura al retablo:

—¡Oh tú, quien quiera que fueras que fabricaste este retablo con tan maravilloso artificio, te conjuro para que muestres a estos señores algunas de tus maravillosas maravillas...!

»Ea, que ya veo que han aceptado mi petición, pues por allí asoma el valentísimo Sansón, abrazado a las columnas del templo para derribarlo por el suelo y tomar venganza de sus enemigos. ¡Tente! Valeroso caballero, por la gracia de Dios Padre; ¡no hagas tal desaguisado, porque no cojas debajo y hagas tortilla tanta y tan noble gente como aquí se ha juntado!

—¡Téngase! – exclama el alcalde— ¡Bueno sería que en lugar de haber venido a holgarnos quedásemos aquí hechos plasta!

Nadie ve a Sansón; pero hablan entre ellos así:

—¿Vos le véis, Castrado? —pregunta el escribano.

—Pues ¿no le había de ver? —contesta el regidor—. ¿Tengo yo los ojos en el cogote?

—¡Milagroso caso es este! —dice el escribano para sí—¡Así veo yo a Sansón ahora como al gran turco!

Entonces Chirinos afirma que detrás de Sansón viene aquel toro que mató a un buen mozo en Salamanca:

—¡Échense todos! —dice Chanfalla— ¡Échense todos… ¡Hucho ho… Hucho ho…!

Todos se echan al suelo creyendo que de verdad llega aquel toro, al que nadie ve. Dice el alcalde:

—El diablo tiene en el cuerpo este toro… tiene partes negras y otras blancas… ¡Si no me tiendo, me lleva por delante!

—Señor Chanfalla —grita el regidor— haga, si es posible, que no salgan figuras que nos alboroten; y no lo digo por mí, sino por estas dos muchachas, que no les ha quedado gota de sangre en el cuerpo de la ferocidad del toro.

—Basta, que todos ven lo que yo no veo —se dice el gobernador—; pero al fin tendré que decir que lo veo, por la negra honrilla.

Enseguida anuncia Chanfalla a unos ratones que, dice, descienden por línea directa de los del Arca de Noe. Y entonces hay que ver el escándalo que arman las mujeres; una de ellas grita:

—¡Se me entran sin reparo! ¡Un ratón morenico me tiene asida de una rodilla! ¡Socorro me venga del cielo, pues en la tierra me falta!

—¡Menos mal que mis calzones son estrechos, que no hay ratón que se me entre, por pequeño que sea! —dice el alcalde.

Todavía protestan por los ratones cuando Chanfalla anuncia un gran torrente de agua que cae; enseguida algunos empiezan a quejarse de que están calados hasta los huesos, aunque el escribano Capacho dice para sí:

—Yo estoy más seco que un esparto.

Y el gobernador se dice:

—¿Qué diablos puede ser esto, que aún no me ha tocado una gota, donde todos se ahogan? ¿Seré yo un pecador entre tantos justos?

El alcalde vuelve a tomarla con Rabelín:

—¡Quítenme de allí a ese músico o me iré sin ver más figuras!

—Señor alcalde, no la tome conmigo, que toco como Dios me ha enseñado —protesta Rabelín.

—¿Dios te había de enseñar, sabandija?

—El diablo creo que me ha traído a este pueblo.

Chanfalla anuncia entonces que van a aparecer dos docenas de leones rampantes y de osos colmeneros, ante lo que el alcalde Repollo protesta:

—¡Señor Chanfalla, o salgan figuras más apacibles o aquí nos contentamos con las vistas, y Dios le guíe, y no pare más en el pueblo un momento!

En este punto se encuentran, cuando suena una trompeta en el teatro, entra un soldado y pregunta quién es el gobernador.

—Yo soy —contesta este—. ¿Qué manda vuestra merced?

—Que prepare alojamiento para treinta hombres de armas que vienen ya de camino y están al llegar.

Y se va.

—Yo apostaré que los envía el sabio Tontonelo —dice el alcalde.

—No hay tal; que esta es una compañía de caballos, que estaba a dos leguas de aquí— dice Chanfalla.

A lo que el alcalde Repollo le responde:

—Ahora yo conozco bien a Tontonelo, y sé que vos y él sois unos grandísimos bellacos… y os mando ordenar a Tontonelo no se atreva a enviar a estos hombres de

armas, pues le haré dar doscientos azotes en las espaldas.

—Digo, señor alcalde, que no los envía Tontonelo —responde Chanfalla.

—Digo —responde el alcalde— que los envía Tontonelo, como ha enviado las otras sabandijas que yo he visto.

—Todos las hemos visto, señor alcalde —interviene el escribano.

—No digo yo que no —contesta el alcalde Repollo— ¡Y no toques más, músico de entre sueños, o te romperé la cabeza!

Vuelven en esto los soldados, y preguntan:

—¿Ea, está ya hecho el alojamiento? Que ya están los caballos en el pueblo.

—¿Qué, todavía ha salido con la suya Tontonelo? —dice el alcalde—. ¡Pues yo os voto a tal, autor de humos y de embelecos, que me lo habéis de pagar!

—Seánme testigos que me amenaza el alcalde —responde Chanfalla.

—Seánme testigos que dice el alcalde que lo que manda Su Majestad lo manda el sabio Tontonelo— añade Chirinos.

Y el alcalde monta en cólera.

—Yo para mí tengo —dice el gobernador— que verdaderamente estos hombres de armas no deben de ser de burlas.

—¿De burlas habían de ser, señor gobernador? —dice el soldado al mando— ¿Está en su seso?

Entonces, entre todos tratan de hacer creer las mentiras del retablo al soldado, que no puede dar crédito a lo que oye, hasta que, harto, exclama:

—¿Está loca esta gente? ¡Por Dios que si echo mano a la espada han de salir todos por las ventanas, que no por la puerta! —Y la emprende furioso a espadazos con todos.

El alcalde aprovecha la confusión para aporrear al músico mientras Chirinos desmonta el escenario.

Chanfalla termina diciendo:

—El suceso ha sido extraordinario: la virtud del Retablo se queda en su punto, y mañana lo podemos mostrar al pueblo, y nosotros mismos podemos cantar el triunfo de esta batalla, diciendo ¡Vivan Chirinos y Chanfalla!

La elección de los alcaldes de Daganzo

Un día se reunieron en Daganzo el bachiller Pesuña, el escribano Pedro Estornudo, y dos regidores llamados Panduro y Alonso Algarroba, pues debían elegir alcalde.

Había cuatro aspirantes al cargo, y se llamaban Humillos, Rana, Berrocal y Jarrete.

Al bachiller, al escribano y a los regidores les gustaba discutir y dar mil vueltas a las cuestiones; no terminan de centrarse en lo que les reúne y se enredan en disputas entre ellos, hasta que el bachiller Pesuña les llama al orden y el escribano le da la razón:

—Vayamos al punto y veamos qué alcalde nombraremos, que sea tal que no haya queja

ninguna, sino que se confirme su bondad, pues para eso estamos en esta junta.

El regidor Algarroba propone que, puesto que se hace examen de barberos, de herradores, de sastres, de cirujanos y otras zarandajas, también se haga examen para alcaldes, para poder hallar así al que sea sufi ciente y hábil para ese menester, pues en lugares pequeños casi siempre faltan alcaldes con seso.

—Eso está muy bien dicho y bien pensado —contesta el bachiller—. Llamémosles y veamos hasta dónde llega su ingenio.

Y entrados los cuatro candidatos, les piden que se sienten.

—Siéntome y lo siento —dice Humillos.

—¿Qué sentís, Humillos? —le pregunta Rana.

—Que sea tan complicado nuestro nombramiento. ¿Acaso debemos comprarlo regalando vino y comida? Díganlo y sabremos lo que hay.

—No hay sobornos aquí —contesta el bachiller—. Todos estamos de acuerdo en que aquel que sea más hábil para alcalde sea el elegido.

Y comienza el examen:

—¿Sabéis leer, Humillos?

—No, por cierto —contesta—, ni nadie de mi familia ha perdido el tiempo con tales menesteres, que conducen a lo peor a hombres y mujeres; pero sé otras cosas que llevan mucha ventaja al leer.

—¿Y qué cosas son?

—Sé de memoria cuatro oraciones que rezo cada semana cuatro o cinco veces.

—¿Y con eso pensáis ser alcalde? —pregunta Rana.

—Con esto y ser cristiano viejo, me atrevo a ser senador romano.

Pregunta entonces el bachiller a Jarrete qué es lo que sabe, y dice:

> Sé leer, aunque poco; deletreo
> y ando en el b-a-ba bien hace tres meses,
> y en cinco más daré con ello a un cabo;
> y, además de esta ciencia que yo aprendo,
> sé calzar un arado bravamente,
> y herrar casi en tres horas cuatro pares
> de novillos briosos y cerreros;
> soy sano de mis miembros, y no tengo
> sordez ni cataratas, tos ni reumas,
> y soy cristiano viejo como todos,
> y tiro con un arco como un Tulio.

—¡Raras habilidades para alcalde! —dice Algarroba.

Preguntan entonces a Berrocal por sus habilidades, y él explica que puede distinguir sesenta y seis sabores distintos que tiene estampados en el paladar, todos de vinos diferentes.

—¿Y quiere ser alcalde? —pregunta Algarroba.

Y Berrocal afirma que lo quiere y lo requiere, porque cuando está borracho se le enderezan de tal forma los sentidos que se hace más sabio que Licurgo.

El bachiller pregunta entonces:

—¿Qué sabe Pedro Rana?

—Como Rana, habré de cantar mal, pero si fuese alcalde, mi vara sería más gruesa de lo normal, para que no la pudiera vencer el dulce peso de un bolsón de oro, ni otras dádivas o ruegos, o promesas o favores.

»Sería bien criado y comedido, algo severo pero nada riguroso; y no humillaría al miserable al que tuviera que juzgar por sus delitos, pues nunca el juez ha de ser soberbio ni arrogante.

Y a todos les parecen bien las palabras de Rana, aunque el pretendiente Humillos dice que Rana seguramente habría de cambiar cuando fuera alcalde, cosa que no haría él si le dieran la vara.

En esto están cuando avisan que unos gitanos que pasaban por allí piden licencia para entrar en el salón del concejo.

—Que entren y veremos si nos podrán servir para la fiesta del corpus —dice el bachiller.

Entran gitanos, gitanas y músicos; y bailan y cantan varios romances, que todos agradecen y celebran, cuando un sacristán que acierta a pasar por allí en ese momento, al oír el bullicio entra en la sala y grita:

—¡Señores regidores, que es de bellacos tanto pasatiempo! ¿Así se rige el pueblo, entre guitarras y bailes?

—¡Agarradle! —chilla el bachiller— ¡Vamos a mantear a este bellaco, necio e insolente…!

Trae Algarroba una manta y entre todos mantean al sacristán con buena gana, sin hacer caso de sus amargas quejas:

—¡Miren que soy presbítero!

—¿Tú, presbítero, infame? —contesta el bachiller.

Hasta que habla el pretendiente Rana:

—¿Quién te mete a ti en reprender a la justicia? ¡Métete en tus campanas y en tu oficio! Deja a los que gobiernan, que ellos saben lo que han de hacer mejor que nosotros; si fueran malos, ruega por su enmienda; si buenos porque Dios no nos los quite.

»Y que cese el castigo, pues debe estar ya arrepentido.

—Y molido, que es más —se lamenta el sacristán—. De aquí en adelante me coseré la boca con dos cabos de zapatero.

Y el bachiller, contento aún por la demostración de los gitanos, les invita entonces para que le sigan a su casa: dice que la elección del alcalde se quedará para mañana pero que, desde luego, dará a Rana su voto.

—¿Cantaremos, señor? —preguntan los gitanos al bachiller.

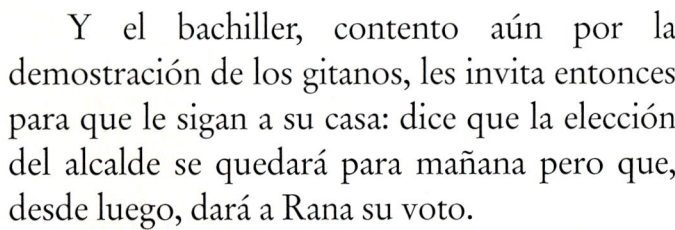

—Lo que quisiérais —responde él.

Al salir, Panduro dice:

—No hay quien cante cual nuestro Rana canta.

Y añade Jarrete:

—No solamente canta, sino encanta.

La guarda cuidadosa

Un soldado y un sacristán andan enamorados de una fregona llamada Cristinica y se encuentran un día en la calle, muy cerca de la casa de ella.

—¿Qué quieres, sombra vana? —pregunta el soldado.

—No soy sombra vana, sino cuerpo macizo —contesta el sacristán.

—¿Quién eres y qué buscas en esta calle? —responde el soldado.

—Soy Lorenzo Pasillas, sacristán de esta parroquia y busco en esta calle lo que hallo y tú no hallas.

—¿Buscas por ventura a Cristinica?

—Tú lo has dicho.

—Pues ven acá sota-sacristán de satanás.

—Pues voy allá, caballo hereje.

—Sota y caballo, solo falta el rey para llegar a las manos. ¡Ven acá, digo otra vez! ¿Tú no sabes, Pasillas, así te vea atravesado con un chuzo, que Cristinica es prenda mía?

—¿Tú no sabes, pulpo vestido, que ella está por mí? —responde el sacristán.

—¡Vive Dios, que te haré pedazos!

Y se enzarzan en una bronca discusión, hasta que la curiosidad les puede.

—¿Has hablado alguna vez a Cristina? —pregunta el soldado.

—Cuando quiero.

—¿Qué le has regalado?

—Unas cajas de carne de membrillo llenas de recortaduras de hostias, y cuatro cabos de velas de cera… Y cartas donde explico mis cien mil deseos de servirla; y ella me ha dado esperanzas de ser mi esposa.

—¿Podrías tú casarte?

—Sí, pues no estoy ordenado.

—Pues si ella os ha correspondido de esa forma —responde el soldado—, lo que no creo, ¿cómo corresponderá a la grandeza de mi petición? Yo le envié una carta escrita en el revés de otra que había escrito al rey, explicando mis servicios y mis necesidades —pues un soldado no debe avergonzarse de ser pobre—; la carta me fue aprobada, devuelta y certificada por la corte y así, con ella podría yo obtener mi recompensa; y sin embargo la utilicé para escribir en su revés a Cristina, y sé que llegó a sus manos casi santas…

—¿Y le has enviado algo más?

—Suspiros, lágrimas, sollozos y razones que deben dar los buenos enamorados.

—¿Y cómo te ha correspondido Cristina?

—Con no verme, no hablarme, maldecirme cuando me encuentra por la calle; pues todos los días estoy en esta calle, porque soy su guarda cuidadosa. Así que váyase de aquí señor sacristán, que no le rompo los cascos por respeto a sus órdenes sagradas.

El sacristán se burla entonces de la pobre indumentaria del soldado, y este le responde:

—El hábito no hace al monje, y tanta honra tiene un soldado roto por causa de la guerra como la tiene un colegial con el manto hecho añicos, porque en él se muestra la antigüedad de sus estudios. Y váyase, que haré lo que dicho tengo…

—¿Es porque me ve sin armas? —contesta el sacristán—. Pues espere aquí, señor guarda cuidadosa, y sabrá lo que es bueno —.Y se va.

El soldado, al quedarse solo haciendo su guardia en la puerta de Cristina, se lamenta: «Oh mujeres, ¡mudables y antojadizas! ¿Cómo puedes dejar a este soldado por semejante mula? Pero yo vigilaré esta calle y espantaré a todo el que se acerque a verte…. y así me conocerán como guarda cuidadosa».

Hasta allí llega, al poco, un mozo con una cajita en la mano:

—Den por Dios, para la lámpara de aceite de Santa Lucía, que les guarde la vista muchos años. ¡Ah de la casa! ¿Dan limosna?

—Hola amigo Santa Lucía —le llama el soldado— ¿Qué es lo que queréis de esta casa?

—¿No lo ve vuestra merced? Limosna para esta lampara de Santa Lucía.

—¿Y suelen dar limosna aquí?

—Cada día dos maravedís.

—¿Quién os los da?

—Una moza llamada Cristinica, bonita como el oro, y como unas perlas.

—¿Así que no os parece mal a vos la muchacha?

—Aunque yo fuera hecho de leño, no pudiera parecerme mal.

—¿Cómo os llamáis?

—Yo, señor, Andrés, me llamo.

—Pues señor Andrés, tome este cuarto de real de a ocho, que con eso tiene ya para muchos días, y no vuelva ni por lumbre porque le romperé las costillas a coces.

Y Andrés, asustado, promete no volver.

Llega después otro mozo vendiendo telas, encajes de Flandes e hilo de Portugal. Al oírle desde dentro, Cristinica le dice que entre, pues su señora quiere comprarle alguna cosa.

Cuando va a entrar, se interpone el soldado:

—¿Conocéis a aquella doncella que os llamó desde la ventana?

—Sí, la conozco.

—¿Y no tiene muy buen rostro y buena gracia?

—Así me lo parece.

—Pues a mí me parece que no entre, su

merced, en esta casa, porque si da un paso más he de molerle los huesos, sin dejarle ni uno sano.

—Pues ¿no puedo yo entrar adonde me han llamado para comprar mi mercancía? – responde el vendedor.

—¡No me discuta, que haré lo que digo!

—¡Ya me voy, señor soldado!

Y Cristinica, que ha presenciado la escena, dice indignada:

—¡Jesús y qué enfadoso animal! ¿Qué queréis en esta calle y en esta puerta...?

Pero se acaba de marchar el vendedor, cuando llega un zapatero con unas chinelas pequeñas, nuevas, en la mano, y, yendo a entrar en casa de Cristinica, le detiene el soldado, preguntándole lo que busca en aquella casa.

—Busco —dice el zapatero— a una fregona que está en esta casa para darle estas chinelas que me mandó hacer.

—¿Vuestra merced es su zapatero?

—Sí, señor.

—¿Y están pagadas ya estas chinelas?

—Aún no.

El soldado le pide y le ruega que se las fíe para regalárselas a Cristinica, y como no tiene

dinero, le ofrece un mondadientes, diciendo que así, cuando coma y tenga necesidad de él, se acordará de la deuda y no la dejará en el olvido.

Pero el zapatero no acepta, y entonces, el soldado, tratando de convencerle, le dice:

—Escuche vuestra merced, señor zapatero, este verso que me ha salido medido...

—¿Es poeta vuestra merced?

—Famoso, ahora lo verá, estese atento:

Chinelas de mis entrañas

El amor es un tirano,
que, olvidado de la fe
que le guardo siempre en vano
hoy, con la funda de un pie,
da a mí esperanza de mano.
Estas son vuestras hazañas
fundas pequeñas y hurañas
que ya mi alma imagina
que sois, por ser de Cristina,
chinelas de mis entrañas.

—Yo no entiendo de trovas —dice el zapatero—, pero estas me han sonado tan bien que parecen de Lope, como son todas las cosas que son o parecen buenas.

El soldado, entonces le convence de que se marche con sus chinelas, pues él pasará a comprárselas en unos días para regalárselas a Cristinica.

Al irse el zapatero, el soldado oye a Cristinica mientras barre y limpia, cantar alegremente sus amores por el sacristán…

—¡Qué oigo! ¿Por qué Cristinica, así como limpias esa loza que traes en tus manos no limpias tu alma de pensamientos bajos y sacristaniles?

Llega, al poco, a su puerta, el dueño de la casa, y cuando va a entrar, sorprendido por la presencia del soldado, le pregunta quién es y qué busca allí:

—Quiero más de lo que sería bueno, y busco lo que no hallo… ¿Quién es vuestra merced?

—El dueño de esta casa.

—Pues tome vuestra merced este fajo de papeles donde van informaciones sobre mis servicios, hechas por más de cincuenta generales y maestres de campo a los que he servido.

—Hasta donde yo sé, ¡no ha habido tantos generales en la infantería española en cien años!

—Vuestra merced es hombre pacífico y no entiende de las cosas de la guerra, pero vea esos papeles…

— ¿Y para qué habría de verlos?

—Porque espero que con ellos me den plaza en un castillo que está vacante en el reino de Nápoles… Y quiero entonces casarme con Cristinica, pues me haré rico con ello; y su merced podrá entonces también disponer de mi hacienda y de mi persona como si fuera cosa propia.

—Creo que vuestra merced desvaría.

—Pues sepa que si no me entrega ya a Cristinica no ha entrar en esta casa.

—¡Qué disparate! ¿Quién ha de prohibirme entrar en mi casa?

En ese momento aparece de vuelta el sacristán, armado con un tapador de una tinaja y una espada muy vieja, acompañado por otro sacristán con un morrión y un palo con un rabo de zorra atado en la punta; los sacristanes quieren atacar al soldado, pero el dueño de la casa se lo impide:

—¡Ténganse señores! ¿Qué desmanes son estos?

—¡Ladrones! —grita el soldado—¿A traición y en cuadrilla? ¡Sacristanes falsos, voto a tal que os voy a agujerear! ¡A mí con un rabo de zorra! ¿Es que váis a limpiar el polvo?

Cristinica y su señora presencian la disputa desde la ventana, el señor interviene para calmar los ánimos; y al fin entran todos en el portal, se reúnen con Cristina y la señora y, aclarados los motivos de la disputa, se pide a los contendientes que expongan sus razones: el soldado dice que no tiene ni dinero ni ocupación, pero que hace treinta y nueve días que cayó rendido ante Cristinica, y si quisiera casarse con él sería la señora de un famoso castillo en Italia y no de un medio sacristán; el sacristán dice que tiene su oficio y que una abuela suya le dará tres mil maravedis de renta…

Así, aclaradas las razones de uno y otro, los señores de la casa preguntan a la moza a quién prefiere:

—Escoge —le dice el señor— de los dos el que te agrada, y con esto pondrás paz entre dos tan fuertes competidores.

—Pues escojo al sacristán.

Se decide, pues, el desposorio, y el señor manda entonces a llamar a los músicos, para celebrar el acontecimiento cantando y bailando.

—Y el soldado será mi invitado —añade el señor de la casa.

—Acepto —dice el soldado— y añade:

Que, donde hay fuerza de hecho
Se pierde cualquier derecho.

Y entran los músicos cantando.

El vizcaíno fingido

Dos pícaros, llamados Solórzano y Quiñones, preparan una burla para engañar y escarmentar a una mujer, llamada Cristina, a quien Solórzano quiere mal por sus malas artes:

—Cuando las mujeres son como estas, es gusto el burlarlas, más si la burla no ofende a Dios ni daña a la víctima —dice Solórzano.

—Pues si vos lo queréis, sea así, contad conmigo, que fingiré cuanto sea necesario —responde Quiñones, que, en el engaño, se debe hacer pasar por vizcaíno.

Solórzano se va pues a ver a Cristina y, nada más llegar, se cuela en la casa y dice:

—Disculpe el atrevimiento, pero hallé la puerta abierta y entré…

—¡Jesús! —contesta Cristina asustada— ¿Qué es lo que vuestra merced manda?

Solórzano, para ganársela, le dedica palabras elogiosas:

—Hace muchos días que deseo hablar con vuestra merced, obligado por su hermosura y buena fama, pero hasta hoy no me ha sido posible… Soy un cortesano a quien usted no conoce.

—Es la verdad.

—Verá… La suerte ha querido que desde Vizcaya me envíe un gran amigo a un hijo suyo para que lo lleve a Salamanca y le ponga compañía que le enseñe. Porque, a decir verdad, él es un poco burro, y tiene algo de mentecato, y aunque sea lástima decirlo, tiene otra falta, pues toma bastante vino… Aunque cuando está alegre, se vuelve tan generoso que da a todo el que le pide todo lo que le pide. Es también muy amigo de las damas, por lo que he creído que traerle a casa de vuestra merced puede ser buena idea, para aquí sacarle los cuartos.

»Para empezar, traigo aquí una cadena de él que pesa ciento veinte escudos de oro, para dejársela a vuestra merced, que, si le parece, me dará diez escudos ahora, pues me son muy necesarios; le propongo a vuestra merced gastar otros veinte escudos en una cena esta noche a la que traeré a nuestro burro, y a poco que le embauquemos, se quedará usted con la cadena toda.

La mujer, muy aficionada a las malas artes, queda contenta de lo que ha oído:

—Beso a vuestra merced las manos por acordarse de mí en tan provechosa ocasión—responde Cristina—, pero… ¿Cómo sabré que la cadena es de oro y no de alquimia? Que se suele decir que no es oro todo lo que reluce.

—Vuestra merced tiene razón en querer comprobarlo, y le aconsejo que vaya a la platería.

—Tengo un vecino que es precisamente platero, y el la verá.

—Hará muy bien, y yo volveré más tarde para seguir con lo hablado.

Solórzano se va y la mujer visita al platero y le muestra la cadena; al verla, le dice que la ha tenido ya en sus manos antes, y sabe muy bien que pesa ciento cincuenta escudos de oro

de a veintidós quilates y que no hay engaño ninguno.

Así, por la tarde, Solórzano y Quiñones acuden a casa de Cristina, que les recibe contenta. Quiñones, para aderezar el engaño, habla imitando a los vizcaínos.

—Vizcaíno —dice al llegar—, manos bésame vuestra merced, que mándeme.

—Dice el señor vizcaíno que besa las manos de vuestra merced, y que le mande —explica Solórzano.

—Yo beso las de mi señor vizcaíno —dice Cristina.

—Pareces buena, hermosa; también noche esta cenamos: cadena quedas, duermes nunca —dice el vizcaíno.

—Dice mi compañero que vuestra merced le parece buena y hermosa; que se haga la cena, que él da la cadena, aunque no duerma acá.

Cristina prepara el aperitivo, y empiezan a comer conservas y a beber vino para pasar el tiempo hasta que llegue la cena.

—Bien puede comer el señor vizcaíno, que todo lo de esta casa es de calidad —le anima Cristina.

—Dulce conmigo, vino y agua llamas bueno, santo le muestras, esta le bebo y otra también.

—Con qué gracia lo dice el buen señor, aunque no le entiendo.

—Dice que, con lo dulce, también bebe vino como agua —aclara Solórzano— y que este vino es de santos, y que beberá otro.

Como tarda Cristina en preparar la cena, Solórzano y Quiñones se van de casa de Cristina para airearse.

Pero hace poco que han salido, cuando vuelve Solórzano solo y desconsolado, explica que acaban de encontrar a un criado del vizcaíno, que le buscaba porque su padre está a punto de morir, por lo que ya la operación prevista no se hará, y le pide que le devuelva la cadena a cambio de los diez ducados que ella le había dado a cuenta.

Cristina, pues, le entrega la cadena; pero al tomarla Solórzano, le dice, con gran aspaviento e indignación, que aquella cadena no es la suya, que era de oro de ley, y la que le entrega ahora es falsa.

La mujer, muy sorprendida, lo niega y protesta y afirma que la cadena no ha salido de su casa; ambos suben el tono, y gritan desaforadamente, y al oír el escándalo entra desde la calle un alguacil, que, una vez informado del asunto, amenaza a Cristina con llevarla ante el corregidor para explicarse y aclarar si hay delito. La mujer comienza a llorar, desesperada, pues teme que su poca reputación no la ayude ante la justicia…

Solórzano dice entonces tener una idea:

—No hay que apurarse, porque la cadena es muy parecida a la que yo os entregué, y puesto que el vizcaíno es tonto, creerá con seguridad que es la suya.

Aliviada, y para contentar a todos, Cristina devuelve a Solórzano los diez ducados, regala seis al alguacil y, convida a todos a cenar.

Y entran entonces en la casa los músicos y Quiñones, el vizcaíno, que repentinamente ha dejado de hablar como los vizcaínos:

—Ahora sí puedo decirla: se la tragó toda entera…

—¡Qué claro habla ahora su merced! —le dice Cristina.

—Nunca hablo yo turbio, si no es cuando quiero —contesta Quiñones.

—Que me maten si no me la han pegado estos bellacos —suspira la mujer.

Los músicos cantan entonces un romance que les ha sugerido Quiñones, y que empieza así:

La mujer más avisada
o sabe poco, o no nada.

Y termina con estos versos:

…la que piensa que ella sola
es el colmo de la nata
en esto del trato alegre,
o sabe poco, o no nada.

Los habladores

Un hombre llamado Sarmiento había dado una cuchillada a otro hombre y fue condenado a pagar doscientos ducados. Estaba pagándoselos al procurador del tribunal, cuando pasó por allí otro hombre, de nombre Roldán, quien resultó ser uno de los más grandes habladores del mundo.

Al contemplar la escena, Roldán pregunta al procurador por el motivo del pago, y este le informa del asunto:

—Este dinero me lo da ese caballero en pago para otro hombre al que dio una cuchillada. Vaya usted con Dios —y sigue su camino.

Pero Roldán sigue a Sarmiento, el pagador, y entabla con él conversación:

—Señor, yo soy un pobre hidalgo; paso necesidad y he sabido que usted ha dado doscientos ducados a un hombre al que había dado una cuchillada; por si a usted le deleita darlas, vengo a que me dé una cuchillada donde mejor le parezca, que a mí puede darme si quiere cincuenta ducados menos.

—¿Lo dice usted de veras? —contesta Sarmiento— ¿Piensa que las cuchilladas se dan a quien no las merece?

—Pues ¿quién la merece más que la necesidad? —contesta Roldán.

—Yo he pagado para cumplir con la ley.

—Dice usted muy bien —responde Roldán— porque la ley fue inventada para la quietud, y la razón es el alma de la ley, y quien tiene alma tiene potencias: tres son las potencias del alma, memoria, voluntad y entendimiento. Usted tiene muy buen entendimiento, porque el entendimiento se conoce en la fisonomía, y la de usted es perversa, por la concurrencia de Saturno y Júpiter…

Roldán no deja hablar a nadie, él solo se lo dice todo, y de cualquier asunto saca cuerda para hablar sin descanso. Por fin, Sarmiento le interrumpe:

bla
bla bla bla
bla
bla
bla
bla bla
bla
bla bla
bla
bla
bla
bla
bla
bla
bla
bla
bla
bla
b l a
b l a
bla

—Por el diablo que me trajo aquí, esto es lo que faltaba después de pagar por la cuchillada… ¡Pare, que me ha muerto y pienso que algún demonio tiene revestido en esa lengua!

—Dice usted muy bien —responde Roldán—, porque quien tiene lengua, a Roma va; yo he estado en Roma y en La Mancha, en Transilvania y en La Puebla de Montalbán; Montalbán era un castillo, de donde fue señor Reynaldos; Reynaldos era uno de los doce pares de Francia y de los que comían con el emperador Carlomagno en la mesa redonda, porque no era cuadrada ni ochavada. En Valladolid hay una placetilla que llaman el Ochavo; un ochavo es la mitad de un cuarto; un cuarto se compone de cuatro maravedíes; el maravedí antiguo valía tanto como ahora un escudo; dos maneras hay de escudos: hay escudos de paciencia y hay escudos…

—Dios me dé paciencia para sufrirle —exclama Sarmiento—. Téngase, que me lleva perdido.

—Perdido, dice usted, porque el perder no es ganar; hay siete maneras de perder…

—¡Acabe, por el diablo!

—¿Diablo, dijo usted? Y dice muy bien, porque el diablo nos tienta con varias tentaciones…

Por fin, Sarmiento cae en la cuenta de que Roldán puede ser su salvación, pues su mujer es también una insoportable habladora.

—Señor, yo tengo una mujer que es la mayor habladora que se ha visto desde que hubo mujeres en el mundo; si hablara usted con ella seis días seguidos seguramente ella palidecería. Véngase usted conmigo a mi casa, se la presentaré y diremos que es usted mi primo, e intentaremos aplicarla este remedio.

—Vamos allá —responde Roldán— que yo le pondré a esa mujer en dos horas muda como una piedra; porque la piedra…

—No le oiré palabra.

—Pues camine, que yo curaré a su mujer.

Al llegar a casa de Sarmiento, este presenta a Roldán a su mujer, efectivamente, como un primo suyo al que ha ofrecido alojamiento temporal. Se enzarzan en conversación Roldán y doña Beatriz, la esposa de Sarmiento, y esta pronto ve cómo las gasta Roldán:

— ¿Qué es esto, marido? ¿Qué hombre es este que habéis traído a mi casa?

—¿Qué queréis, mujer?

—Echadme de aquí a este hombre, que reviento por hablar.

—Mujer, paciencia, que hasta cumplidos los siete años no puede salir de aquí, porque he dado mi palabra.

—¿Siete años? ¡Ni una hora, que reventaré, marido!

Y vuelven a enzarzarse Roldán y Beatriz, hasta que al fin Beatriz se desmaya.

—¡Jesús! ¿De qué le ha dado este mal? —pregunta Roldán.

—De no hablar —le responde el marido.

En ese momento se oye llamar a la puerta, y una voz grita: «¡Abran aquí a la justicia! ¡Abran a la justicia!»

Roldán, sobresaltado al oírlo, dice que anda huido de la justicia y teme que le lleven a la cárcel, y Sarmiento, que le está muy agradecido, le esconde en una gran cesta de estera. Entran el alguacil y el escribano, que buscan a Sarmiento por orden del gobernador, para que vaya a estrechar la mano al que le dio la cuchillada.

Pero Roldán, desde su cesta, asoma la cabeza para participar en la conversación, y se descubre.

El alguacil enseguida le reconoce como *Roldanejo el hablador*, huido efectivamente de la justicia, y le dice que se dé preso. Roldán vuelve a hacer de las suyas, saca punta de todo lo que dicen y no deja hablar a nadie.

Sarmiento pide clemencia para Roldán por haber curado a su mujer:

—Pues ¿de qué la curó? —pregunta el alguacil.

—Del hablar.

—¿Y cómo?

—Hablando, pues como habla tanto la enmudece.

Entonces es el alguacil el que cae en la cuenta de que a su esposa le ocurre el mismo mal... y pide a Roldán que al terminar la cura de Beatriz envíe a Roldán a su casa, a lo que Sarmiento se compromete:

—Cumplidos los siete años, yo avisaré con lo que hubiere.

Por fin Roldán hace saber a todos que también es poeta:

Aquí he venido a curar
una mujer habladora

que nunca supo callar,
a quien pienso desde ahora
enmudecer con hablar.
Convidóme este señor,
y comeré yo en rigor,
aunque diga su mujer
por no darme de comer:
«¡Vete, pícaro hablador!»

El Hospital de los Podridos

Entran un hombre llamado Leiva y el Rector en el hospital.

—¿Qué clase de hospital es este? —pregunta Leiva.

—Era tanta la perdición que había en este lugar —contesta el Rector del hospital— que corría peligro de engendrarse una peste, y así han dispuesto con buen criterio crear este hospital para los enfermos de este mal, y a mí me han hecho rector.

El Hospital de los Podridos se ha abierto para curar en él a todos aquellos que sufren y se pudren por causas ajenas. Esto es: los que padecen porque al vecino le hiciera el sastre largo el chaleco.

—No quiera vuestra merced saber más, señor Leiva, que había hombre que ni comía

ni dormía en siete horas haciendo discursos, y cuando veía a uno con una cadena o vestido nuevo le decía: ¿Quién te lo dio? ¿De dónde lo sacaste? Tú no eres más rico que yo… Pero veamos salir a los enfermos.

El primero que encuentran se llama Cañizares. Le pulsa el doctor, pero no le encuentra mal alguno.

—¿Cómo que no? Traigo un recocimiento y desesperación, y una rabia intrínseca que me afecta al corazón…

—Y ¿de qué le viene a vuestra merced esa pesadumbre?

—Pues de ver a un vecino que gasta chinelas en verano y lleva la espada en el lado izquierdo.

—¿Y qué le importa a usted esto? —le preguntan.

—¡Pues no me ha de importar! —responde convencido— ¡Si es que a ese hombre lo envían de gobernador a uno de los mejores lugares de la tierra! Y mal podrá despachar con brevedad los asuntos llevando chinelas, ni podrá hacer cosa a derechas siendo zurdo.

El rector le considera podrido de remate y manda que entre en el hospital.

Aparece entonces Pero Díaz, que con grandes aspavientos, exclama:

—¡Ea, dejadme, que no puedo beber, ni comer, ni dormir, viendo estas cosas! Pues ¿cómo puede ser que los poetas falseen la realidad como lo hacen?

—¿Podrido estáis de poetas? —pregunta el Rector— ¡Mucho trabajo tenéis!

—En particular me pudro con los poetas que hacen villancicos la noche de Navidad, en los que dicen mil disparates y herejías.

Habla y habla y tales ejemplos pone, que el Rector exclama:

—Este tiene gran necesidad de remedio. ¿Será bueno entregárselo a los malos poetas para que ellos le curen? ¡Meted adentro a este podrido!

Y así lo hacen los criados.

A continuación entra un tal Valenzuela y explica que su desgracia es ver que a su vecino todo le sale bien. Cuando le dicen que eso es envidia él protesta, y dice que es que ese hombre es avariento y miserable, y nada bueno debería sucederle.

—Tiene razón —dice el Rector—. Haremos que se pudra ese hombre.

—Entonces yo me pudriré de no pudrirme—dice Valenzuela.

—Ande con Dios —contesta el Rector—, y púdrase cuanto quiera.

Sale entonces otro individuo llamado Gálvez, quien se pudre porque una dama muy hermosa está enamorada de un hombre calvo. Al explicar sus pesadumbres monta en cólera, y el Rector le manda con los demás podridos para que se cure.

—¡Los podridos que se van desmoronando! —dice Leiva—. Y si no se pone remedio, en pocos días se multiplicarán tanto, que hará falta otro nuevo mundo donde habiten.

El secretario saca una relación de nuevos podridos, y lee:

—Hay algunos que pudren con los que tienen las narices grandes. Otro, porque hay quien come con babero; otro, de que haya tantos sastres y zapateros, pero tan pocos buenos.

—Pues ¿qué quería que hubiese? — pregunta el Rector.

—Veterinarios y caballerizos.

—En cierto lugar hay viejas que se pudren porque las gallinas de sus vecinas ponen los huevos más gordos que las suyas.

»Finalmente aparecen dos casados. El marido se pudre porque la mujer tiene los ojos azules y ella porque el marido tiene la boca grande.

—Gente, debe ser de buen humor —dice el Rector—; que salgan aquí, que los quiero ver.

Salen Clara y Villaverde, que así se llaman los esposos, y habla la mujer:

—¡Más deberíais pudriros de ver vuestra boca, que parece un hornillo, que no mis ojos!

—¿Os molesta que vuestra mujer tenga los ojos azules? —pregunta el Rector.

—Sí, señor, que deberían ser negros. Y de tanto discutir se me ha desgajado la boca…

Interviene entonces Leiva:

—¿Esta señora es mujer de este hombre? ¡Jesús, mil veces! ¡Una mujer tan hermosa casada con un hombre que parece un escarabajo!

—¿De eso se pudre su merced? —pregunta el secretario.

—¿Y cómo no?

—¡Rematado está! Metedle dentro —ordena el secretario.

Leiva es forzado a entrar al hospital, y habla el Rector:

—¿Ha visto vuestra merced que un hombre tan inteligente disparate de esta forma?

—¿Y eso qué le importa a vuestra merced? —contesta el secretario.

—Pues ¿no me ha de importar, que pierda el juicio un hombre al que tenía por cuerdo y prudente?

—¡Podrido está vuestra merced! —contesta el secretario— ¡Adentro! —Y, aunque se resiste, le meten al hospital.

Clara critica al secretario por encerrar a su superior, y el secretario monta en cólera, lo que aprovecha Villaverde para pedir que le metan al hospital también, como podrido.

Y se queda solo Villaverde, quien saca una guitarra y canta un romance, cuyo estribillo dice:

No se pudra nadie
de lo que otros hacen…
Dejemos a cada uno
viva en la ley que gustare.

Índice

Prólogo..7

El retablo de las maravillas 13

La elección de los alcaldes de Daganzo.......35

La guarda cuidadosa.................................49

El Vizcaíno fingido.................................67

Los habladores...81

El Hospital de los Podridos 93

También en la colección
EL BOSQUE VIEJO

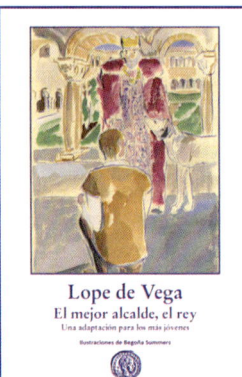

Lope de Vega

El mejor alcalde, el rey
Una adaptación para los más jóvenes

Ilustraciones de Begoña Summers

El mejor alcalde, el rey es una de las obras más célebres de Lope de Vega; esta amena versión en prosa facilita su lectura para los jóvenes, procurando trasladar toda la fuerza de la historia original. Una bonita historia de amor, que enfrenta el peso de un tirano a la nobleza de un rey en la lucha por la justicia, verdadera protagonista de la obra. Esta edición es también un homenaje a su autor, genio de nuestra literatura.

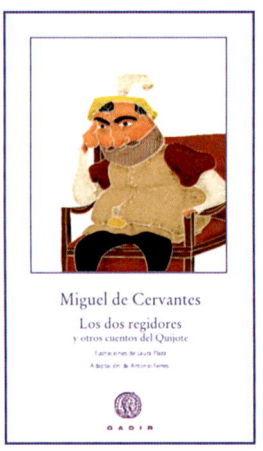

Miguel de Cervantes

Los dos regidores
y otros cuentos del Quijote

Ilustraciones de Laura Plaza

Miguel de Cervantes es uno de los más grandes escritores de todos los tiempos. *Don Quijote de la Mancha* es considerada por muchos la mejor novela jamás escrita, una obra que todo el mundo conoce pero que, especialmente los jóvenes, no han leído. Dentro del *Quijote* hay muchas pequeñas historias además de la principal. Aquí se han elegido algunos relatos seleccionados por su amenidad y por mostrarnos el gran sentido del humor y la fina ironía de Cervantes.

Dante Aliguieri

Divina Comedia

Una adaptación para todas las edades

Ilustraciones de Carla Olivé

Esta adaptación de la obra de Dante pone al alcance de todos los lectores esta obra cumbre de la literatura universal. Gracias al excelente trabajo de adaptación y de ilustración, este libro acerca al lector de hoy lo esencial de la *Divina Comedia*. Este libro motivará la lectura del original para los adultos e introducirá la obra para los más jóvenes.

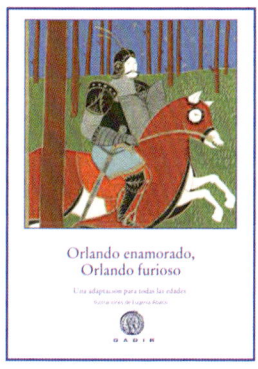

Orlando enamorado, Orlando furioso

Una adaptación para todas las edades

Ilustraciones de Eugenia Ábalos

El *Orlando enamorado* de Matteo María Boiardo y el *Orlando furioso* de Ludovico Ariosto son probablemente las obras más importantes del Renacimiento italiano. Esta es una versión de lectura muy amena, asequible para lectores de cualquier edad. Amor, lealtad, amistad, heroísmo, ingenio, locura, razón, obstinación… son los temas de este fabuloso relato de aventuras.

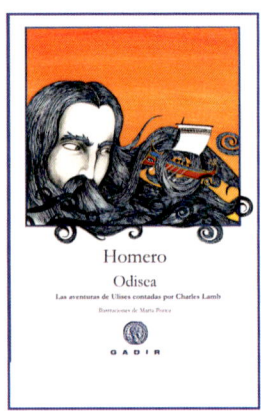

Homero

Odisea

Las aventuras de Ulises contadas por Charles Lamb

Ilustraciones de Marta Ponce

La *Odisea* es una de esas obras que todo el mundo debería leer, pues forma parte de lo más esencial de nuestra cultura y nuestra historia. Su complejidad hace recomendable acudir a una buena adaptación, tanto por parte de los lectores más jóvenes como de muchos otros que quieren conocerla en una versión más amable que la original. El relato, en la adaptación de Lamb, es de una gran amenidad, una fabulosa novela de aventuras que, al mismo tiempo, nos instruye sobre la cultura griega clásica, y muy particularmente sobre su mitología.

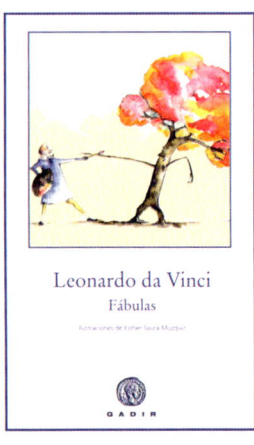

Leonardo da Vinci

Fábulas

Ilustraciones de Esther Saura Múzquiz

Las Fábulas del gran genio del Renacimiento que fue Leonardo da Vinci son textos poco conocidos que reflejan su gran interés por la naturaleza, sus dotes de observación, su gusto por la experimentación, el ejemplo y la paradoja; su ironía, su gusto por la moral y por enseñarla de forma tan gráfica como solo permiten las fábulas, ideales para lectores de todas las edades, y desde luego para los más pequeños. A través de la naturaleza, animales, plantas, ríos y fenómenos naturales, Leonardo «nos enseña a vivir», pues son un ejemplo de los caminos que Leonardo nos marcó para ser hombres grandes como él.